INVENTAIRE
V 31470

LA HAUTE-LOIRE

ET

LES CHEMINS DE FER.

LETTRE ADRESSÉE AU CONSEIL GÉNÉRAL

PAR

J^h BARRANDE,

Ancien élève de l'École polytechnique, ancien ingénieur des voies et communication au service
de la Russie, auteur du projet du Grand-Central, du réseau pyrénéen,
du passage des Pyrénées sous le col de la Glère.

PARIS
IMPRIMERIE PREVE ET COMP., 15, RUE J.-J.-ROUSSEAU.

LA HAUTE-LOIRE

ET

LES CHEMINS DE FER.

LETTRE ADRESSÉE AU CONSEIL GÉNÉRAL

PAR

J^h BARRANDE,

Ancien élève de l'Ecole polytechnique, ancien ingénieur des voies et communication au service
de la Russie, auteur du projet du Grand-Central, du réseau pyrénéen,
du passage des Pyrénées sous le col de la Glère.

PARIS
IMPRIMERIE PREVE ET COMP., 15, RUE J.-J.-ROUSSEAU.

TABLE DES MATIÈRES.

	Pages.
Avant-propos.	5
Chap'tre I. — Raisons générales à faire valoir en faveur de l'exécution immédiate des chemins de fer de la Haute-Loire.	19
Chapitre II. — Raisons locales à faire valoir en faveur de cette exécution immédiate.	31
Chapitre III. — Question personnelle	47

AVANT-PROPOS.

A Messieurs les Membres du Conseil général de la Haute-Loire.

Messieurs,

Depuis votre dernière session, un fait capital, la concession du Grand-Central de France à la Compagnie de M. le comte de Morny, a ouvert une ère nouvelle à notre département. — Avant quatre ans la locomotive chauffée avec du coke de la Haute-Loire nous emportera, à grande vitesse, de Lempdes à Paris en moins de douze heures.

Ce jour-là, les échos de l'Allier retentiront des *vivat* enthousiastes de nos populations reconnaissantes en l'honneur des hommes qui ont préparé ou qui auront accompli cette heureuse révolution dans l'état des choses dont nous souffrons; grâce à leur initiative et à leur intervention nous sortirons enfin, ce jour-là, de cet isolement, de ce marasme, de cet empire de la routine séculaire qui ont trop longtemps pesé sur nos montagnes en y émoussant l'élasticité des intelligences, en y rapetissant et rabougrissant tout, en y rouillant jusqu'aux socs de nos charrues pour les rendre insensibles à la lime du progrès.

L'inauguration de la section de Lempdes à Clermont sera pour nos concitoyens de Brioude, de Paulhaguet, de Langeac, de Saugues et de Pradelles, comme pour ceux du Puy, d'Issengeaux, de Vorey, de Bas, de Saint-Didier et de Monistrol, une fête dont les révélations utiles pour leur curiosité intéressée aiguillonneront encore plus leur impatient désir d'assister bientôt à l'ouverture des autres éléments du Grand-Central qui, en rayonnant sur la surface accidentée de notre pays, doivent le métamorphoser, le vivifier, l'introduire à la vie nouvelle du grand commerce, de l'industrie agricole et manufacturière, et lui assurer les bénéfices des relations vastes et faciles avec tous les grands centres de production et de consommation où les capitaux se louent sans l'intervention de l'usure.

Le soir, quand ces nouveaux initiés aux merveilles de la vapeur et de l'art de la construction reprendront, pensifs et satisfaits, le chemin de leurs foyers, leurs yeux scruteront au loin les vallons et les flancs des collines pour y découvrir et y suivre, d'un regard inquiet, les progrès divers, l'avancement inégal des terrassements, des ponts, des viaducs et des souterrains destinés, par leur raccordement et par leur ensemble, à constituer les éléments complémentaires du Grand-Central qui nous sont promis ou que nous avons encore à réclamer; grande sera leur joie s'ils peuvent constater, sur les différentes directions qui les intéressent, ce beau désordre de l'industrie en travail, de l'ingénieur aux prises avec les difficultés du sol, avec l'inconnu des entrailles de la montagne, avec les caprices de nos cours d'eau torrentiels. Quelle satisfaction intime n'emporteraient-ils pas dans leur famille ceux de nos amis du Puy qui, après avoir gravi la hauteur de Fix, pourraient apercevoir au-dessous d'eux, sur leur droite, une cohorte de mineurs, armés de leurs lampes de sûreté, et pénétrant le pic à la main dans la galerie souterraine qui ouvrira un passage à la locomotive se rendant de Brioude à Lyon, en touchant au pied du rocher Saint-Michel pour y prendre langue, eau et combustible et y charger ou déposer voyageurs et marchandises ! — Les habitants d'Issengeaux, de Vorey, de Bas et de Monistrol ne partageraient-ils pas cet enchantement si, à leur tour, ils pouvaient emporter chez eux, avec les émotions de la fête de Lempdes, la certitude d'avoir vu un long ruban de voie ferrée en construction se développant sur les berges de la Loire, dans la direction de Firmi et de Saint-Étienne ? — Et vous, mes compatriotes de La Voulte, de Langeac, de Saugues et de Pradelles, modéreriez-vous les élans de votre satisfaction, si votre retour était accompagné par l'écho retentissant des éclats de la poudre intelligente renversant, au fond des gorges de l'Allier, les rochers qui intercepent la voie qu'aura à franchir le coursier vapeur pour emporter nos produits de toute nature de Brioude par Langogne, Bessége et Alais jusqu'à Arles, Nimes, Montpellier, Marseille et Toulon ?

Cette rentrée de fête serait la fin d'un beau jour à inscrire en lettres d'or sur les fastes de nos montagnes, si les divers épisodes de ce panorama de la Haute-Loire, en voie de transformation, pouvaient se dérouler simultanément en réalités palpables sous nos yeux avant quatre ans, au jour même où Monseigneur du Puy, escorté par toute l'élite de la population, se rendra à l'extrémité du département pour y bénir la première locomotive arrivant à toute vapeur de Paris à Lempdes.

Mais les joies et les perspectives si pleines d'espérances de ce spectacle à plans multiples auront-elles réellement pour échéance fixe la date que je viens d'indiquer?

L'affirmer serait afficher une croyance plus robuste que la mienne.

Cet ensemble de tableaux de l'activité départementale, où nos robustes et laborieux ouvriers des villes et de la campagne doivent figurer en masses intelligentes, aidant de leur labeur à la rénovation de leur pays, tout en préparant le bien-être et l'avenir de leur famille par le travail et par l'épargne, toute cette galerie de vues rassurantes, toute cette harmonie d'efforts utiles et d'occurrences de bon augure, tout ce vaste paysage enfin animé par l'une des plus saisissantes manifestations de la puissance de l'industrie humaine pourrait-il donc s'évanouir comme un mirage ? pourrait-il, dans telle éventualité donnée, n'être plus qu'une simple création fantastique d'une imagination trop prompte à traduire ses désirs par des certitudes ?

J'incline, je l'avoue, à craindre quelque peu le mirage.

La construction de nos chemins de fer, de ceux qui doivent rayonner dans l'intérieur de notre département, serait-elle exposée encore à subir un ajournement ?

Cet ajournement est possible ; le prévoir est sage ; le prévenir est notre devoir.

L'exécution de nos voies ferrées serait-elle donc encore problématique quant à la date de la mise en train, incertaine quant à l'époque de l'achèvement des travaux, éventuelle enfin dans tout son ensemble ?

A cette grave question je puis malheureusement répondre d'une manière trop péremptoire pour laisser la moindre place au doute.

Je lis en effet dans le rapport de M. Magne à l'Empereur, au sujet de la concession du Grand-Central, à propos des lignes qui nous intéressent, le passage suivant :

« *Pour commencer les travaux et les finir* (des 627 kilomètres
» comprenant les chemins de la Haute-Loire qui doivent être
» exécutés d'après la loi de 1842), *l'État ne sera soumis à aucun*

» *terme de rigueur; il n'aura à consulter que les ressources an-*
» *nuelles du budget.* »

Ce passage est explicite, ce me semble!

Plus bas, M. le Ministre des travaux publics dit à l'Empereur, au sujet des mêmes 627 kilomètres qui forment la seconde partie de la concession du Grand-Central :

« La Compagnie, de son côté, ne sera autorisée à émettre des
» actions ou des obligations pour la formation du capital que
» cette seconde partie de l'entreprise rendra nécessaire, que
» lorsque, sur ce point, la convention sera devenue définitive.

» Je prie votre Majesté de vouloir bien remarquer que ce
» traité n'aura ce caractère que lorsque les engagements de
» l'Etat auront été confirmés par un décret spécial consacrant
» la concession et le classement des chemins et par une loi rati-
» fiant la charge imposée au Trésor.

» Le décret et la loi devront intervenir dans le délai de cinq
» ans pendant lequel la concession ne pourrait être accordée à
» une autre Compagnie, mais après lequel toutes les parties re-
» prendraient leur liberté. »

Ce second passage est à son tour suffisamment explicite pour nous édifier.

Nous le voyons, la concession des 627 kilomètres à construire d'après la loi de 1842 et dans lesquels sont compris les chemins de fer qui doivent rayonner dans le département de la Haute-

Loire, n'est point définitive. Cette concession est simplement engagée, pendant une période de cinq ans, à la Compagnie du comte de Morny, sans que nous ayons aucune certitude qu'elle ressortira à effet entre les mains de ladite Compagnie.

Le décret impérial de concession et le traité passé entre le comte de Morny et M. le Ministre des travaux publics qui a précédé et motivé ce décret ne sont pas moins explicites, tous les deux, sur ce point :

L'Etat n'est point engagé, quant à présent, en ce qui touche les 627 kilomètres en question ; il s'est interdit seulement la faculté de pouvoir disposer, pendant cinq ans, en faveur de toute autre Compagnie des lignes ferrées dont le développement est compris dans ces 627 kilomètres. — Cette concession n'est qu'une simple aliénation transitoire, à titre gratuit, sans obligation de construire, des deux tiers du Réseau du Grand-Central.

Cette situation faite au département de la Haute-Loire n'est-elle pas de nature à motiver quelques appréhensions de notre part? Ne doit-elle pas préoccuper d'une manière plus spéciale ceux de nos compatriotes, ceux d'entre vous qui possèdent l'histoire de nos espérances déjà si vieilles de date en matière de nos grandes voies de communication si souvent promises, tout aussi souvent ajournées malgré les engagements moraux, malgré les tours de faveur que nous avons cru obtenir des divers pouvoirs qui se sont succédé en France depuis cinquante ans.

Les habiles ingénieurs qui dirigent aujourd'hui les travaux du département ont entre les mains des documents sans nombre résumant et nos droits et nos déceptions ; où en sont les beaux projets que ces mêmes ingénieurs ont si souvent et si savamment rédigés, revus, modifiés et toujours améliorés et qui devaient depuis longtemps nous ouvrir des grandes routes de première classe vers l'est et vers le midi, se développant le long des berges de la Loire et de l'Allier ?

Ces beaux, ces excellents projets dorment encore, depuis de trop longues et de trop nombreuses remises, dans la poussière administrative des archives départementales.

Ce précédent doit, ce me semble, nous rendre quelque peu circonspects sur le degré de confiance à accorder aujourd'hui aux lueurs d'espérance que la concession du Grand-Central a fait chatoyer à nos yeux.

Cette concession est le début d'une ère nouvelle, sans doute ; mais le développement de cette période de rénovation pourrait bien subir plus d'un échec et s'arrêter, ou prendre une allure lente, et si lente qu'il resterait longtemps encore distancé par nos besoins, par nos droits, par nos justes réclamations et par notre sage impatience.

Ces lenteurs, ces atermoiements, nous avons à les craindre ; ne nous berçons donc pas d'illusions puisées dans un excès de confiance dans l'intervention d'autrui ; comptons sur nous, sur nous seuls; agissons en conséquence; portons-nous en tête de la colonne des réclamants, et nos alliés naturels, les départements limitrophes, dont la situation est l'identique de la nôtre, suivront aussitôt notre impulsion en emboîtant le pas accéléré de notre initiative. Ainsi groupés, fortifiés, serrés et guidés par un intérêt commun qui les rend solidaires, les montagnards du centre pourront entreprendre, avec chance de succès, une rude campagne contre les ajournements plus qu'éventuels qui les menacent également.

En vous soumettant mes doutes relativement à l'achèvement prochain de nos chemins de fer, en vous rappelant les motifs qui peuvent autoriser les vôtres à ce sujet, je n'ai certainement pas, Messieurs, l'intention d'amoindrir à vos yeux ni l'importance actuelle, ni les grandeurs à venir de la Compagnie du Grand-Central.

Sa force et sa puissance peuvent se mesurer à la rapidité tout exceptionnelle de sa formation, de son développement et de son entrée dans le monde financier, à son intimité avec l'institution du crédit mobilier de M. Péreire, à l'habileté des hommes d'affaires qui la dirigent; et quant à son degré d'influence auprès du pouvoir, il a pour expression le nom de M. le comte de Morny qui figure en tête de la liste des administrateurs; ce nom dispense de tout commentaire.

Mais ce serait se méprendre grandement que de croire retrouver intactes dans cette Compagnie déjà satisfaite par une concession les dispositions, les vues, les perspectives qui l'ont conduite au succès.

Il y a en effet dans la vie des Compagnies deux périodes bien distinctes qu'il ne faut point confondre, sous peine de graves mécomptes : celle du postulant en instance et celle de la jouissance assurée à titre onéreux.

C'est pendant la période du postulat que les localités intéressées doivent se lier avec une Compagnie en instance, souder leur avenir avec le sien et lui prêter le ressort de leur influence politique ou de leur concours financier en échange de la certitude de figurer en nom dans le tracé que formulera la loi ou le décret de concession. L'histoire des chemins de fer en France nous fournit plus d'un exemple instructif de cette solidarité dont bon nombre de villes et départements n'ont eu qu'à se louer.

Mais quand vient l'âge mûr d'une Compagnie, quand après la concession naissent pour elle des devoirs stricts, des obligations rigoureuses définies par la loi, alors commence la seconde période de son existence pendant laquelle l'intérêt exclusif de ses actionnaires la domine; devenue propriétaire à titre onéreux, avec une responsabilité qui pèse sur tous ses actes, elle se renferme naturellement dans les calculs quelque peu égoïstes de sa prospérité personnelle qui ne lui permettent plus que de reléguer au second plan, et quelques fois plus loin, les espérances des localités restées en dehors de la lettre de sa concession.

La Haute-Loire a-t-elle profité de la circonstance opportune pour se lier à temps avec la Compagnie du Grand-Central?

J'ai conseillé cet échange de services mutuels et de rapports intimes au moment convenable. — Mes paroles sont restées sans écho.

Aujourd'hui, quel droit avons-nous à réclamer de cette Compagnie une faveur exceptionnelle? — Aucun. — M. le comte de Morny et ses collègues ne sont donc tenus de faire aucun effort pour nous, dans l'intention de se délier les mains des entraves formulées dans le décret de concession du 21 avril dernier qu'ils ont eu la prudence d'accepter malgré la portée de leur toute-puissance.

La Compagnie du Grand-Central ne peut rien entreprendre, comme nous l'avons vu plus haut, dans l'intérieur de la Haute-Loire, avant un décret nouveau, avant une loi nouvelle, avant que l'État ait demandé à l'impôt ou à l'emprunt et puisé dans le Trésor public les sommes nécessaires pour l'acquisition des terrains, la confection des terrassements et la construction des ouvrages d'art et des stations nécessaires pour l'établissement de nos voies ferrées. — Ces dispositions légales prises, ces dépenses faites aux frais de l'État et aux nôtres, la Compagnie aura alors à poser sa voie et à lancer ses locomotives.

Notre avenir est donc tout entier encore entre les mains du Gouvernement ; c'est à lui par conséquent que nous devons nous adresser pour lui exposer et nos besoins, et nos droits.

Le courant de l'opinion générale du pays est trop fortement dirigé vers la réalisation du Réseau central pour que nous ne trouvions pas des dispositions favorables dans les représentants du pouvoir.

Nous avons à leur demander trois choses bien distinctes.

Nous avons en effet à réclamer :

1° L'insertion de la ligne de Lempdes par Brioude, Langeac et Langogne à Alais, dans le classement des voies ferrées du Grand-Central. Cette ligne a en effet été omise dans l'article 4 de la convention passée le 30 mars dernier, entre M. le Ministre des travaux publics et M. de Morny ;

2° L'indication de la ville du Puy comme point obligatoire pour le tracé de la ligne de Lyon à Bordeaux. — Cette indication est aussi omise dans le même article ci-dessus visé ;

3° La mise en train pour la campagne prochaine et la marche rapide des travaux compris dans le développement des chemins de fer qui doivent rayonner dans notre département de Brassac à Langogne et de Grenier par Lempdes et le Puy à Firmi, et qui sont à la charge du Trésor.

Voilà, messieurs, l'objet essentiel de la sollicitude et de la préoccupation bien naturelle de tous les habitants de la Haute-Loire.

A vous, les représentants de tous les intérêts du département, appartient le droit d'être nos intermédiaires et nos interprètes auprès du pouvoir.

Votre médiation saura utiliser les exemples donnés, et les moyens divers mis en usage dans une situation semblable par un grand nombre d'autres Conseils généraux.

M. le Ministre des travaux publics a fourni lui-même une excellente préface à vos réclamations, un motif puissant à vos démarches, une raison péremptoire pour toutes les mesures que votre sagesse vous inspirera lorsque, dans son rapport à l'Empereur au sujet du Grand-Central, il lui a dit :

» Le projet de décret que j'ai préparé par les ordres de Votre
» Majesté, et que j'ai l'honneur de soumettre à votre approba-
» tion, est conçu dans cette pensée de justice distributive.

» Il a pour but de donner satisfaction à une vaste contrée
» *trop longtemps laissée dans l'oubli, malgré les charges qu'elle*
» *supporte et malgré les grandes richesses enfouies dans son sein,*
» *que la difficulté des communications a seule empêché, jusqu'à ce*
» *jour, de mettre en valeur.* »

Il vous sera facile, Messieurs, en abondant dans l'ordre d'idées de Monsieur le Ministre des travaux publics, de trouver dans votre dévouement aux intérêts de notre département et dans votre connaissance de ses besoins locaux, des développements et des preuves à ajouter aux faits généraux reconnus et constatés par celui des Ministres qui tient notre avenir dans ses mains.

Permettez-moi de vous soumettre, à mon tour, quelques données qui ne sont étrangères ni à l'histoire de nos misères et de nos besoins ni à l'exposé de nos droits aux faveurs immédiates du Gouvernement.

Ces données sont l'objet des deux chapitres suivants.

Veuillez bien, Messieurs, agréer l'assurance de ma parfaite considération.

Jh BARRANDE.

CHAPITRE PREMIER.

Les chemins de fer de la Haute-Loire ne sont point des tronçons isolés, une sorte d'impasse dont l'utilité serait limitée aux seuls riverains ; ils forment au contraire, comme la loi l'a déjà reconnu et consacré, une série de mailles essentielles du grand réseau des voies ferrées qui sillonneront bientôt tout le centre et tout le midi de la France, parce qu'elles sont indispensables à sa prospérité.

Les raisons qui militent en faveur de l'exécution prochaine de toutes ces voies ferrées centrales et méridionales doivent donc intervenir tout naturellement dans la question des chemins de la Haute-Loire.

Ces raisons sont de deux natures : générales ou locales.

J'exposerai ces dernières dans le chapitre suivant.

Quant aux raisons générales qui plaident en faveur de la construction immédiate des chemins de fer à travers notre département, je ne saurais mieux les développer, sous un gouvernement qui se pique de justice distributive, qu'en citant ici les faits suivants qui sont malheureusement pour les départements méridionaux beaucoup trop ignorés. C'est l'histoire des causes premières de l'infériorité relative et des justes doléances du Midi que je vais essayer d'esquisser ; qu'on n'y voie point la critique d'aucun des régimes qui ont gouverné la France depuis soixante ans. Les circonstances étouffent souvent les meilleures intentions ; les besoins pressants du moment arrêtent tout aussi souvent le développement des projets les mieux conçus, l'application des idées les plus équitables ; je ne veux donc point récriminer ici ; je laisse toute la responsabilité du mal que j'ai à signaler aux occurrences qui ont dominé jusqu'à ce jour le génie des hommes éminents appelés à présider à la répartition des charges générales, de l'impôt sous toutes ses formes. — Cette répartition a été faite au détriment de la France d'outre-Loire. Nous en avons subi, nous autres méridionaux, les fâcheuses conséquences depuis 1790 ; nous en avons payé grassement les erreurs. Une occasion favorable se présente pour demander non une restitution, mais une juste compensation, utile du reste par ses résultats au pays tout entier. En signalant ces erreurs de répartition et leurs conséquences, je ne veux donc que fournir aux intéressés, à mes compatriotes de la Haute-Loire, des faits faciles à transformer en droits dont aucun gouvernement ne saurait méconnaître la validité.

Le 47ᵉ degré de latitude qui passe sous Nantes, près ou par Tours, Dijon et Besançon, partage la France en deux parties presque égales qui forment la France du nord et la France du midi.

La France du nord comprend quarante-un départements, avec une population de vingt millions d'habitants, répartie sur une surface de douze mille cinq cents lieues carrées, ce qui fait seize cents habitants par lieue carrée.

La France du midi comprend quarante-quatre départements, avec une population de seize millions d'habitants, répartie sur une surface de treize mille huit cents lieues carrées, ce qui fait douze cents habitants par lieue carrée.

La population du nord est donc d'un quart supérieure à celle du midi, tandis que la surface du nord est au contraire inférieure à celle du midi de plus d'un douzième.

Si les grandes voies de communication, construites en totalité ou en grande partie aux frais du Trésor, telles que les routes nationales, les canaux, les chemins de fer, étaient réparties proportionnellement à la population, le nord n'aurait droit qu'à un quart de plus que le midi.

Si ces mêmes voies de communication étaient réparties proportionnellement à la surface, le midi aurait droit, à son tour, à un douzième de plus que le nord.

Aucune de ces deux proportions n'a été observée jusqu'à présent. Voici en effet l'état actuel des choses.

J'ai résumé, dans une publication récente sur un des éléments du Réseau pyrénéen, cette répartition des grandes voies de communication de la manière suivante :

	Dans le Nord.	Dans le Midi.	Différence en faveur du Nord.
Routes impériales	18,590 kilom.	15,797 kilom.	2,793
Canaux	3,343	1,073	2,270
Chemins de fer concédés	4,639	2,410	2,229
Total	26,572	19,280	7,292

En me limitant à ces chiffres, j'ai amoindri l'infériorité réelle du midi, j'ai dissimulé une bonne partie du mal dont il souffre.

En effet, si nous consultons deux documents officiels, 1° la statistique de France publiée par le Ministre du commerce en 1837; 2° la statistique des voies de communications publiée en 1843 par M. Ed. Teisserenc qui dirigeait, à cette époque, le bureau central de statistique au Ministère des travaux publics, nous arrivons aux chiffres résumés dans le tableau ci-après :

	Dans le Nord.	Dans le Midi.	Différence en faveur du Nord.
Routes impériales	18,927 kilom.	15,460 kilom.	3,467 kil.
Routes départementales	16,767	12,921	3,846
Chemins de grande communication	10,407	6,832	3,575
D° de petite vicinalité	292,187	285,708	6,479
Rivières navigables	4,568	4,316	252
Canaux	2,803	873	1,930
Chemins de fer	3,359	2,015	1,344
Totaux	349,018	328,125	20,893

Ainsi la différence entre le nord et le midi pour les voies de communication de toute nature s'élèverait à 20,893 kilomètres en faveur du nord

Depuis, cet avantage des départements situés au-dessus du 47° degré de latitude, n'a fait que s'augmenter au détriment du midi. En effet, le nombre de kilomètres de chemins de fer concédés dans le nord s'élève aujourd'hui à 4,639, au lieu de 3,359.

(Voir l'annuaire Chaix et les décrets de concessions depuis le 2 décembre.)

Tandis que la part du midi ne s'est élevée jusqu'à ce jour qu'à 2,229 kilomètres. Toutes les différences ci-dessus tendent donc sans cesse à s'augmenter au désavantage du midi.

Si l'on m'objectait que les routes départementales, les chemins de grande communication et les chemins vicinaux étant à la charge spéciale des fonds départementaux et communaux, le midi doit s'attribuer à lui seul l'infériorité dans laquelle il se trouve par rapport au nord pour ces trois espèces de voies de communication, je répondrais en invoquant un chiffre dont j'établirai plus loin la rigoureuse exactitude.

Le midi paye, année courante, 20,000,000 de plus que sa part proportionnelle à l'impôt direct, et cela depuis 1790. Il a donc versé en trop au Trésor public, pendant soixante ans écoulés, la somme énorme de 1,200,000,000 de fr.

Cette surcharge aurait suffi et au delà au midi pour payer la construction de ses voies départementales, si cet argent avait été laissé à sa disposition pour être employé en dépenses locales.

L'infériorité du midi ne saurait donc être attribuée à aucune autre cause qu'à la fausse répartition de l'impôt foncier.

Quant au degré de cette infériorité, il est trop palpable pour ne pas plaider à lui seul d'une manière victorieuse, auprès de tout esprit impartial et éclairé, la cause des départements méridionaux, y compris la Haute-Loire, qui ont été si maltraités jusqu'à ce jour en matière de voies de communication.

Je viens d'avancer que le midi paye tous les ans à l'impôt direct vingt millions de plus que sa part proportionnelle.

La preuve, la voici :

D'après la statistique agricole de la France, publiée par l'administration avant 1847, les produits ruraux et animaux sont :
Pour le nord de la France (au-dessus du 47ᵉ degré de latitude),
de. . . . . 3,466,446,532 fr.
Pour le midi de la France au-dessous du
même degré. . . . . 2,346,975,588 fr.

Le *revenu* agricole *brut* du nord dépasse donc, d'après ce document officiel, celui du midi, de plus de 1,100,000,000 de fr., ce qui représente un avantage de plus de 50 p. 100 pour le nord.

D'après le travail des commissaires spéciaux, nommés en 1815 pour procéder à la révision de l'assiette de l'impôt, travail qui a servi de base à la loi du 31 juillet 1821 qui régit encore la matière, le *revenu net* imposable du domaine agricole en France s'élève à. . . . . 960,400,000 fr.
Sur ce chiffre la part du nord est de. 1,626,000,000 fr.
Et celle du midi, de. . . . . . . 665,600,000 fr.

D'autre part, d'après la statistique officielle de l'agriculture, la surface imposable du nord est de. . . 23,715,415 hect.
Et celle du midi de. . . . . . . 25,371,472 »

En divisant le revenu net du nord, par sa surface imposable, nous trouvons par hectare imposé un revenu net de. 40 fr. 46 c.
Tandis que l'opération identique ne nous donne
par hectare imposé dans le midi qu'un revenu
net de. . . · . . . . 25 fr. 46 c.
Différence en faveur du nord. . . . . . 15 fr.

Ainsi, d'après le travail des commissaires de 1815, le revenu net du nord dépasse donc de 62 p. 100 celui du midi.

A ce premier avantage, il faut encore ajouter 33 p. 100 pour réparer la faute d'appréciation commise à cette époque par ces délégués du pouvoir. En effet, ces commissaires établirent leurs évaluations dans le nord et dans le midi sur deux bases tout à fait différentes. Le temps pressait; ils ne purent point coordonner un mode unique d'appréciation pour la surface entière de la France; pour aller vite, ils utilisèrent les éléments d'évaluation fournis par le mode de culture spécial à chacune des deux régions que sépare le 47° degré de latitude.

Dans le nord, ils évaluèrent le revenu net d'après les baux de ferme, d'après la somme reçue par le propriétaire, sans tenir compte de la part du revenu net consommée ou retenue par le fermier. Cette part n'est-elle pas au moins égale à un tiers du prix de ferme?

Dans le midi, au contraire, pays de colonage et de partage à moitié fruit, les commissaires évaluèrent le revenu net d'après l'expertise *à priori* qui a eu pour résultat de mettre en lumière tout le produit net agricole et de le soumettre à l'impôt.

Nous voilà déjà arrivés à constater une supériorité de 62, plus 33 p. 100, soit 95 p. 100 du revenu net du nord sur celui du midi.

N'est-il pas constant, en outre, que depuis 1815 l'agriculture est restée stationnaire dans le midi, tandis que dans le nord elle a fait des progrès immenses connus de tout le monde et qu'elle y a passé du régime de la culture routinière à celui de véritable industrie agricole. La betterave, le colza et le lin ont fait la richesse du nord. Le gouvernement tombé en 1848 y a grandement aidé en protégeant ces produits et leurs transformations par le bénéfice de certaines lois exceptionnelles contre lesquelles le midi, moins protégé, a vainement élevé la voix : on n'a pas oublié encore la grande lutte parlementaire du colza et du sésame.

Ces progrès de l'agriculture du nord ne peuvent pas être évalués en revenu net à moins de 5 p. 100 de ce qu'était ce même revenu par hectare en 1815.

C'est donc encore 5 p. 100 à ajouter aux 95 p. 100 que nous avons calculés ci-dessus. Nous arrivons ainsi à un avantage de 100 p. 100 en faveur du revenu net du nord sur celui du midi, c'est-à-dire que celui du midi restant invariablement limité à 25 fr. par hectare depuis 1815 jusqu'à nos jours, le revenu net de l'hectare du nord doit être évalué aujourd'hui, en moyenne, à 50 fr.

Ces deux moyennes obtenues par appréciation, sont du reste entièrement conformes aux évaluations et aux constatations faites par l'administration publique.

Ces faits ainsi établis, ces données étant incontestables, il devrait s'ensuivre que l'impôt foncier, calculé par hectare imposable, devrait être dans le nord le double de celui du midi.

Le total de la contribution foncière devrait être aussi évidemment réparti entre ces deux contrées dans la même proportion.

La raison le dit; l'équité le commande ; mais la routine a prévalu et prévaut encore aujourd'hui au grand détriment du midi; l'impôt foncier, en principal comme en centimes additionnels, est toujours réparti d'après les bases posées en 1791, adoptées par les commissaires de 1815 et mal modifiées, pour quelques privilégiés seulement, soit sous l'Empire, soit sous la Restauration, en 1821.

De cet état de choses il est résulté qu'en 1847, par exemple, l'impôt sur la propriété rurale, défalcation faite de 32,000,000 fr. pour la propriété bâtie, ayant été, en principal, de 123,000,000, les quarante-trois départements méridionaux situés au dessous du 47e degré de latitude ont supporté en trop sur ce chapitre 10,136,000 fr.

D'autre part, cette même année, la totalité des centimes additionnels ayant été de de 123,000,000 fr., défalcation faite du cinquième pour la propriété bâtie, les 99,000,000 restant, loin d'être répartis au marc le franc du principal entre le nord et le midi, comme le voudrait l'équité, ont encore fait peser sur le midi une surcharge de 8,500,000 fr.

Ces mêmes charges se reproduisant tous les ans depuis la création de notre nouveau système d'impôt, nous voyons que le midi paye, année courante, deux surcharges formant ensemble 18,636,000 fr.

Mais comme, d'autre part, trente-deux des départements du midi ont été dégrevés, en 1821, d'une somme de 5,174,801 fr., qu'ils payaient de trop depuis 1791, il est évident qu'en tenant compte de cette injustice qui a duré trente ans pour le midi, on peut dire ce que j'ai avancé, que le midi, depuis 1790, a payé à l'impôt direct 20,000,000 de plus que sa part proportionnelle.

Est-il besoin d'ajouter que l'impôt sur les liquides spiritueux, les sels, les tabacs pèse en majeure partie sur le midi? Ce fait n'a besoin d'aucun commentaire; il est palpable pour tout homme éclairé.

Quant aux subventions accordées aux chemins de fer du midi, qu'on en fasse la somme, et qu'on la compare aux dons gratuits qui ont été faits, sous divers titres, aux lignes du nord, et l'on se convaincra que dans cette répartition de faveurs du fisc la part des départements méridionaux est bien inférieure à celle des départements situés au dessus du 47e degré de latitude.

Et pourtant la prospérité du midi, à cause de la nature de ses productions, qui en majeure partie ne peuvent se consommer sur place, ne saurait être assurée par aucun autre moyen que par la création d'un réseau complet de voies ferrées facilitant l'exportation de ces produits vers les grands centres de population ou les ports de mer.

L'extension et l'emploi de tout autre mode de viabilité ne pourrait en effet le relever de sa décadence et le mettre à même de lutter avec le nord à armes égales, parce que, pour soutenir avec quelque avantage cette lutte, les produits du midi doivent pouvoir franchir économiquement de grandes distances pour arriver à leurs consommateurs naturels.

Je viens d'esquisser les souffrances du midi : c'est l'histoire du département de la Haute-Loire; tous les départements limitrophes y ont aussi leur chapitre. Ses trop nombreuses pages sont disséminées, sous forme de reçus du percepteur, dans toutes nos habitations et, dans plus d'une chaumière, ces preuves palpables de notre concours exagéré aux charges générales du pays, aux embellissements de la capitale, à la construction des voie ferrées de la France septentrionale, sont malheureusement dou blées trop souvent par *des avertissements* ou *des significations de contrainte*, ces deux épouvantails du contribuable en retard.

Notre tour n'est-il pas venu d'obtenir enfin une compensation? L'exécution immédiate du réseau des voies ferrées qui doivent sillonner la surface de notre département est la seule compensation qui soit de nature à égaler la réparation au mal.

Tout palliatif tel que la péréquation si longtemps promise serait impuissant à réparer le passé par le bénéfice de l'avenir.

Des voies ferrées, des voies d'exportation rapides et économiques vers les grands centres de population et d'industrie du nord, de l'est et du midi, c'est là le seul remède à nos souffrances.

Réclamons-en l'exécution immédiate; faisons valoir nos droits; armons-nous des chiffres et des faits énumérés ci-dessus; nos voisins seront d'autant mieux disposés à confondre leurs plaintes et leurs réclamations avec les nôtres qu'ils ont partagé nos souffrances et que le réseau des chemins de fer dont nous demandons la construction immédiate doit aussi assurer leur prospérité.

CHAPITRE II.

Notre pauvre département de la Haute-Loire occupe-t-il donc sur la carte de France une de ces positions excentriques qui motivent tout naturellement l'éloignement des grandes artères de communication destinées à vivifier les pays en établissant des traits d'union directs par voies de terre, d'eau ou de fer, entre tous les grands centres de population du nord et du midi, de l'est et de l'ouest!

On croirait vraiment à cette excentricité et l'on serait porté par conséquent à en admettre, comme rationnelles, les fâcheuses conséquences, si on se bornait à s'édifier sur les mérites et les avantages de notre position géographique uniquement sur le catalogue des grandes routes ou des canaux de France dressé par les directeurs qui, à titres divers, se sont succédé aux travaux publics depuis Sully et Colbert jusqu'à nos jours.

Mais heureusement il suffit de jeter un coup d'œil sur la carte; il suffit de considérer, pendant une seconde, la position du Puy par rapport à Lyon, à Saint-Étienne, à Valence, à Avignon, à Marseille, d'un côté, et de l'autre côté, par rapport à Clermont, à Tulle, à Aurillac, à Rodez, à Montauban, à Toulouse, à Montpellier et à Nîmes, pour se convaincre que notre chef-lieu aurait dû servir de centre d'irradiation et de point d'intersection au plus grand nombre des routes reliant entre elles les localités importantes de l'est, du centre et du midi de la France.

Du même coup d'œil, sans règle ni compas, il est tout aussi facile de juger que les deux grandes artères de Paris à Marseille et de Lyon à Bordeaux devraient se croiser sur le territoire de notre département.

Nous occupons donc sur la carte de France une position réunissant tous les mérites et tous les avantages d'un emplacement central que les voies de communication ci-dessus indiquées n'ont évité et contourné qu'au grand détriment non-seulement de la Haute-Loire, mais de tous les autres départements limitrophes ou voisins et qu'en imposant des sacrifices inutiles aux voyageurs et au commerce général du pays.

La configuration topographique de notre territoire ne saurait d'ailleurs excuser la fatalité qui a présidé jusqu'à présent au tracé de ces diverses voies; en effet, celles qui avaient à suivre la direction du nord au midi trouvaient dans les deux vallées de la Loire et de l'Allier des trouées et des rampes naturelles pour s'élever en pente douce jusqu'aux points culminants du bassin du Rhône et de ses affluents de la rive droite; et si, pour les routes à percer de l'est à l'ouest, le relief de notre territoire ne présentait pas des indications de passage aussi palpables; si les données du tracé à adopter n'y étaient pas aussi simples, il faut reconnaitre aussi que les difficultés à vaincre pour passer du bassin du Rhône, près Lyon, à celui de la Loire vers le Puy, pour franchir plus loin celui de l'Allier et atteindre ensuite celui de la Garonne et des grands cours d'eau qui sont ses tributaires, étaient bien moins ardues, dans les limites de notre département, que celles qu'il a fallu surmonter pour établir la grande artère de Lyon à Bordeaux par Roanne, Clermont, Limoges et Périgueux.

Le centre de la France, par une bizarrerie de construction orographique, ne présente sur sa surface aucune ligne naturelle, aucune grande vallée transversale orientée de l'est à l'ouest. Toute voie de communication ayant à suivre cette direction doit donc y chevaucher à travers les faites servant de séparation aux grands cours d'eau qui ont leurs sources au sud-est et qui vont se déverser à l'ouest ou au nord-ouest dans l'océan.

Cette singularité de conformation a eu pour conséquence de limiter beaucoup le nombre des voies de communication qui relient la France orientale aux ports du littoral de l'océan depuis Bordeaux jusqu'à Cherbourg; il n'existe, en effet, au-dessous du 47e degré de latitude, aucune voie navigable naturelle ni artificielle ayant cette destination, et le peu de routes de terre qui y ont la direction de l'est à l'ouest sont tellement sinueuses, montueuses et d'un entretien si difficile que les rapports entre ces deux côtés de la France, entre ces pays de fabrique et ces ports d'exportation, en sont réduits à des limites vraiment déplorables.

Ce fâcheux état des choses aurait certainement pu être modifié avec avantage, si la grande artère d'exportation, la grande voie de Lyon à Bordeaux, avait traversé la Haute-Loire, parce que les distances y auraient été raccourcies et que la somme des différences de niveau à racheter y serait bien moindre que dans la direction qui nous a été préférée.

Les données exactes de l'hydrographie et de l'orographie ont été méconnues ou ignorées à l'époque du classement et du tracé de toutes ces routes qui nous ont laissés de côté pour s'allonger et augmenter les difficultés de leur parcours, en nous évitant, en nous contournant.

Mais aujourd'hui que les populations intéressées interviennent avec autorité, par leurs représentants locaux, par la voie de la presse départementale, comme par la médiation des Conseils communaux, d'arrondissement et généraux, dans toute question de tracé; mais aujourd'hui que cette intervention directe des intéressés dans toute discussion de classement, de direction, de pente, de rayon de courbure et de développement des nouvelles voies de communication à créer, a été consacrée par l'usage et constitue, en quelque sorte, un droit reconnu par le pouvoir central, ce retour intelligent aux vieux et bons usages provinciaux nous assure, à nous autres habitants de la Haute-Loire, les bénéfices prochains de cette révolution utile dans les us et coutumes de l'ancienne administration des ponts et chaussées.

Les populations limitrophes ou voisines, préalablement éclairées par le retentissement des publications spéciales et par l'écho des discussions des corps constitués représentant les intérêts partiels ou généraux de notre département, reviendront de leurs erreurs ou préjugés, et comprendront facilement que leur propre intérêt n'est que le nôtre, qu'il y a identité parfaite dans nos vues, dans nos espérances, dans nos nécessités communes, et que le triomphe de nos instances simultanées pour obtenir les mêmes réparations, les mêmes faveurs, les mêmes solutions de la part du Gouvernement ne saurait être assuré que par la solidarité de nos efforts, que par l'unanimité de nos demandes, que par l'harmonie de nos réclamations auprès du pouvoir.

Ce concert produira bientôt des fruits utiles, si nous savons profiter de l'occasion fournie par le projet du Grand-Central pour établir cette entente cordiale avec nos co-intéressés.

C'est dans ce but que je vais essayer de reproduire, en les abrégeant autant que possible, les raisons déterminantes qui m'ont guidé dans l'enjancement des lignes du Grand-Central tel que je l'avais conçu et proposé, et que j'en avais demandé la concession avec une compagnie dont les propositions n'ont, malheureusement pour nos montagnes, pas été acceptées.

Il s'agissait de combler le vide laissé au centre de la France par les lois de classement de 1842 et de 1846, et par les décrets de concession de chemins de fer antérieurs au 2 décembre 1852. — Ce vide immense, reproduit dans la carte n° 1 ci-jointe, avait pour limite et périmètre une ligne partant de Mansle, passant par Limoges, Clermont, Montbrison, Saint-Étienne, Valence, Avignon, Beaucaire, Nîmes et Montpellier, pour se développer plus loin par Carcassonne, Toulouse, Montauban et Agen jusqu'à Bordeaux, et remonter, de cette dernière ville par Angoulême, à son point de départ, à Mansle.

L'enjancement des lignes utiles à tracer dans l'intérieur de ce polygone irrégulier était susceptible de plus d'une solution. J'ai donné, après examen comparatif, la préférence à la combinaison suivante *(voir la carte ci-après, n° 2)* :

1º Brassac ou Lempdes étant choisi pour point de soudure des éléments à diriger vers le nord, l'est et le sud-est, j'ai relié Brassac à Clermont par une ligne de 59 kilomètres, que je désignerai, pour éviter les répétitions, par la lettre A; je l'ai rattachée à Saint-Étienne par une seconde ligne passant par Brioude et le Puy, de 110 kilomètres de développement, que je désignerai par B, et je l'ai jointe à Alais par une troisième ligne passant par Brioude, Langeac et Monistrol-d'Allier, de 160 kilomètres de longueur, que je désignerai par C;

2º Aurillac étant désigné, à son tour, pour centre d'irradiation de l'ouest et du midi, j'ai uni cette ville à Bordeaux par une ligne passant par Bretounoux, Bergerac et Libourne, et ayant, jusqu'à cette dernière localité, un développement de 185 kilomètres; je la désignerai par D. J'ai rattaché, d'autre part, Aurillac à Montauban par une ligne de 184 kilomètres traversant le bassin houiller de Decazeville et d'Aubin, que je désignerai par E;

3º J'ai relié enfin les deux centres de soudure et d'irradiation des divers éléments de mon tracé, Brassac ou Lempdes et la ville d'Aurillac, par un trait d'union de 100 kilomètres, passant sous le plomb du Cantal; c'est l'élément F.

En combinant ces six éléments A, B, C, D, E, F par arrangements ne comprenant que des sections contiguës, on obtient les sept grandes lignes vraiment nationales désignées ci-après :

1º A plus B donnent la ligne de Lyon à Clermont par le Puy. — Cette ligne est plus courte, de 35 kilomètres, que celle déjà en voie de construction, qui doit rattacher les deux mêmes villes, en passant par Saint-Germain-des-Fossés, Roanne et

Saint-Étienne. — Clermont a donc, comme Lyon, comme Saint-Étienne, un intérêt direct à demander avec nous la construction immédiate de la voie ferrée A plus B, traversant la Haute-Loire par son centre.

C'est par cette voie que les produits de notre département pourront s'écouler avec avantage vers le centre, vers Paris, vers le nord et l'ouest de la France.

2° B plus F plus E, réunis ensemble, forment la ligne de Lyon à Bordeaux : — c'est la grande voie naturelle d'exportation de tous les produits manufacturés dans tout l'est de la France. Elle est pour Lyon plus courte que la direction du Havre de plus de 150 kilomètres ! — Toutes les villes situées au-dessous de Dijon, tous les centres de production dans la région de l'est pourront, dans des proportions diverses, utiliser le grand raccourcissement qui résultera de la création de la ligne de Lyon à Bordeaux par le Puy et Aurillac.

Cette considération est assez puissante, ce me semble, par elle-même, aujourd'hui que l'exportation est devenue une des nécessités impérieuses résultant du développement de notre industrie manufacturière, pour plaider victorieusement la cause de cette ligne auprès du Gouvernement.

La nomenclature des alliés naturels dont nous pouvons réclamer le concours en faveur de son exécution immédiate est trop considérable pour que je puisse en faire ici le dénombrement. Leur importance est proportionnelle à leur nombre. — Appelons-les à notre aide : leur intérêt nous répond de leur assistance.

Le tracé de cette ligne entre Bretonnoux et Bordeaux a été

quelque peu modifié dans l'intérêt de Périgueux;—mais quand viendra le moment de sa construction, ce chef-lieu de la Dordogne étant déjà en possession de son chemin de Coutras, ne s'opposera plus sans doute à ce que la voie de Lyon à Bordeaux suive sa direction naturelle, le chemin du bon Dieu, et reste sur les berges de la Cère et de la Dordogne depuis Bretonnoux jusqu'à Libourne, en desservant Sarlat, Bergerac et une bonne partie du département du Lot. La faire chevaucher par monts et par vaux, par Brives et Périgueux, ce serait lui imposer, outre des difficultés sans nombre, un allongement d'environ 30 kilomètres. — Ces considérations, j'aime à l'espérer, porteront leur fruit en temps utile.

3º B plus F plus E constituent par leur réunion la ligne directe de Lyon à Toulouse par le Puy. — Elle est plus courte de 90 kilomètres que celle qui est actuellement en voie de construction, et qui se dirige par Valence, Avignon, Beaucaire, Nimes, Cette et Carcassonne.

C'est par la ligne directe de Lyon à Toulouse, traversant la Haute-Loire, que doit s'écouler toute l'exportation de nos fabriques de l'est, de celles de la Suisse et du midi de l'Allemagne vers les grands pays de consommation : l'Espagne, le Portugal et une grand partie du nord de l'Afrique. — La construction ne saurait donc être ajournée qu'au grand détriment de notre industrie et de notre commerce de transit.

4º C plus A forment, par leur réunion, le complément de la voie la plus directe et la plus courte de Marseille, de Toulon, d'Arles, d'Avignon, de Nimes, de Montpellier et de Cette, par Alais, Langeac et Brioude, à Clermont et à Paris, Cette route assure à Marseille et aux départements des Bouches-du-Rhône, du Var, du Gard et de l'Hérault un raccourcissement pour se rendre à Paris, au Hâvre, à Lille et à Rouen, qui dépasse 90 kilomètres !

En présence d'une perspective de cette nature, qui pourrait donc s'opposer encore à l'ouverture de cette voie ?

Une seule influence, celle de la Compagnie de Lyon à la Méditerranée, dont la ligne en construction le long de la vallée du Rhône aurait à lutter avec désavantage contre tout chemin de fer se développant d'Alais à Clermont sur les berges de l'Allier, pourrait peut-être peser sur les déterminations du Gouvernement; mais il est un moyen bien sûr de ranger encore cette puissance de notre côté; elle ne saurait espérer, en effet, que la construction de cette voie directe, indispensable à la prospérité du pays tout entier, sera encore, d'ajournement en ajournement, rejetée dans le contingent d'un avenir sans date; par conséquent dans la prévision de la construction certaine et prochaine de ce chemin de fer, qui aura à traverser le département de la Haute-Loire, depuis Pradelles jusqu'à Lempdes, la Compagnie de Lyon à la Méditerranée s'empressera, j'en suis convaincu, si nous voulons vaincre son indécision, de demander la concession de ce chemin, afin d'en combiner le plus tôt possible l'exploitation avec celle de sa ligne de la vallée du Rhône.

Sachons profiter de cette situation des choses, et tourner à notre profit les appréhensions bien motivées de cette Compagnie, et bientôt cette voie nous sera ouverte vers le sud-est.

5° C plus F plus D donnent, par leur ensemble, une voie nouvelle ouverte entre les deux mers, entre la Méditerranée et l'Océan, de Toulon et de Marseille à Bordeaux. Cette voie est plus courte, de 78 kilomètres, que le chemin de fer en construction qui sinue de Cette par Béziers à Carcassonne et à Toulouse, pour suivre ensuite la Garonne jusqu'à Bordeaux.

Ce raccourcissement s'élève au chiffre de 102 kilomètres pour toutes les localités de l'ouest qui bénéficieront encore dans leurs rapports avec Marseille, avec Toulon, avec tout le nord de l'Italie, en suivant la direction formée par C plus F plus D des 34 kilomètres qui séparent Libourne de Bordeaux.

Voilà une seconde solution du problème qui a illustré l'immortel Riquet : Marseille, dans ses rapports avec Bordeaux, a avantage et économie à traverser la Haute-Loire, et à passer sous le plomb du Cantal. C'est là l'une des conséquences aussi imprévues qu'utiles de l'enjancement que j'ai adopté pour le tracé que j'ai proposé.

Il ne faut pas perdre de vue que la voie ferrée qui unira la Méditerranée à l'Océan par cette direction, par l'intérieur de la France, à travers nos montagnes, se trouvera dans une position plus indépendante, bien plus avantageuse que le chemin de fer du Midi qui va de Marseille par Cette et Toulouse à Bordeaux; en effet, ce dernier chemin aura à lutter, sur tout son parcours, avec une voie navigable artificielle ou naturelle qui lui est tanjante et parallèle, et qui est formée par l'ensemble des canaux de Beaucaire, des Étangs, du Midi, du Canal Latéral et de la Garonne; tandis que notre ligne intérieure n'aura à redouter aucune concurrence de cette nature.

S'il fallait faire valoir encore quelque motif complémentaire pour édifier nos juges et nos co-intéressés sur l'urgente nécessité de la construction de l'élément C destiné à relier Lempdes à Alais, il me semble que ce qui précède serait de nature à peser avantageusement sur la détermination que nous attendons de la justice distributive du Gouvernement.

6° A plus F plus D réunis ensemble nous conduisent de Clermont, par Lempdes et Aurillac, à Bordeaux. Cette direction est plus courte, de 104 kilomètres, que le tracé que l'on avait antérieurement indiqué par Brives, Tulle et la haute Dordogne.

C'est par ce chemin de fer que s'écouleront tous les produits du Centre, du Puy-de-Dôme, de l'Allier et de la Nièvre vers Bordeaux, leur port naturel d'exportation, en traversant une portion de la Haute-Loire.

7° A plus F plus E constituent à leur tour la ligne de Clermont à Toulouse que je considère comme l'artère de tout le Grand-Central.

Elle suit la direction que tous les gouvernements ont cherché, depuis Colbert, à améliorer et à amener à l'état de route de première classe, tant ils comprenaient son importance et la nécessité d'avoir une communication facile reliant tout le midi au centre et au nord par un véritable minimum en distance.

Les sept lignes que je viens d'indiquer et qui résultent de la combinaison des divers éléments du Grand-Central, tel que je l'avais conçu, ne méritent-elles pas, comme je le leur ai attribué, la qualification de routes vraiment nationales? On ne saurait, ce me semble, leur contester ce titre bien acquis.

A ces sept grandes voies je pourrais ajouter encore celles qui sont la conséquence de l'enjancement de la ligne de Limoges par Périgueux et Bergerac à Agen, avec les éléments A, B, C,

D, E et F.; mais comme la plupart de ces voies nouvelles resteront étrangères à notre département, je crois devoir les passer ici sous silence.

En résumé la Haute-Loire est appelée à bénéficier de la construction de plus de 200 kilomètres qui sont à établir sur son sol, pour la réalisation du projet du Grand-Central tel que je viens de l'indiquer.

Ce même projet appelle à la vie nouvelle les départements de la Lozère, de l'Ardèche et du Cantal dont plus d'un ingénieur avait désespéré. Le lot de chacun d'eux est proportionnel aux avantages de sa position plus ou moins excentrique; mais cette première satisfaction, toute incomplète qu'elle puisse leur paraître, n'est qu'une simple initiation, une pierre d'attente sur laquelle ils pourront à leur tour édifier la réalisation de leurs vues particulières et de leurs vœux spéciaux, lorsque l'industrie des chemins de fer, grâce à des progrès nouveaux qui ne se feront pas attendre longtemps, pourra vaincre, à bas prix, tous les accidents du sol, tous les obstacles présentés par le relief de ces pays si accidentés.

Grâce aux sept grandes voies traversant la Haute-Loire, tous les chemins de fer concédés jusqu'à ce jour au-dessous du 47e degré de latitude, seront mis en communication par des traits d'union qui sont de véritables *minima* quant à la longueur.

Grâce à l'exécution de ces lignes, tous les bassins houillers du Centre et du Midi, la Grand'Combe, Bessége, Brassac, Terrasson, près Brives, et Decazeville et Aubin, dans l'Aveyron, pourront expédier leurs produits aux chemins de fer qui ne peuvent transporter à bon marché sans cet aliment, sans son arrivée facile et prompte sur leurs rails. — Des usines, des industries sans nombre attendent avec impatience le jour où ce nerf de toute leur activité leur arrivera à bon port, à bon marché, à prix réduit par les chemins de fer qui ont à sillonner le territoire de la Haute-Loire.

Si l'on dérangeait le tracé que j'ai indiqué et la position que j'ai assignée à chacun des éléments du projet, l'économie de son ensemble serait détruite ; les raccourcissements que j'ai cités plus haut ne s'élèveraient plus à des chiffres si élevés, et, d'autre part, si l'on dérangeait l'enjancement des sept grandes voies en question, dont l'exécution est réclamée par tant d'intéressés, elles ne s'emprunteraient plus, comme elles le font dans mon projet, ces longues sections communes qui diminuent les frais de la construction en augmentant les bénéfices de l'exploitation.

Ces lignes doivent donc être construites dans l'ensemble indiqué, pour que le Grand-Central puisse bénéficier de ces deux grands avantages, de l'économie dans la dépense, et d'une augmentation certaine dans les recettes.

Telles sont les considérations que je crois de nature à plaider avantageusement notre cause, la cause de la Haute-Loire.

Si je voulais sortir des limites que je me suis imposées, il me serait facile, en résumant ici les statistiques officielles de l'admitistration des ponts et chaussées, d'établir par des chiffres rassurants que ces sept grandes routes nationales, dont nous avons à demander l'exécution immédiate, peuvent vivre par elles-mêmes, et que leur prospérité est assurée dans un avenir très-prochain ; je pourrais même, en utilisant toutes les données de l'éxpérience en matière de voies ferrées, démontrer d'une manière catégorique que l'élément **F**, le trait d'union qui relie Lempdes à Aurillac, en traversant les contrées les moins favorisées par la nature et par l'industrie, peut devenir, entre des mains intelligentes, l'un des chemins de fer les plus productifs du pays tout entier ; mais ce travail sortant du cadre que je me suis donné, je me contente d'y faire allusion pour qu'on ne puisse pas même nous objecter que nos lignes doivent être encore ajournées, parce qu'elles menacent d'être improductives.

Pour compléter les raisons locales qui motivent leur mise en train immédiate, je pourrais aussi, si cela était nécessaire, dénombrer ici les masses expectantes des produits de toute nature que l'industrie manufacturière et agricole élabore dans l'intérieur du périmètre de ce poligone vide qui est figuré dans ma carte n° 1, qui avait été oublié par les lois de classement des voies ferrées de 1842 et de 1846. Toutes ces masses à transporter auront, pour arriver à destination, à franchir le terrain de la Haute-Loire ; leur échange, leur vente, leur transformation, leur consommation à l'intérieur, et leur exportation suivront, dans leur développement, les progrès des chemins de fer de notre département ; la prospérité de toutes ces industries sera la conséquence directe de la satisfaction que nous devons demander pour nous. — Les alliés ne manquent donc pas ; à l'œuvre donc ; nos ouvriers sont là le pic au bras, attendant à leur tour, avec impatience, l'ouverture des travaux.

Mettons-nous donc en mesure d'assurer à ces pères de famille, pour une période de quelques années le calme de l'esprit et la satisfaction intime qui naissent tout naturellement d'un labeur assidu convenablement rémunéré, comme cela se pratique d'ordinaire dans les grands travaux publics, lorsqu'ils sont sagement dirigés par des hommes de cœur.

Les enseignements des dernières années doivent stimuler nos bonnes intentions et encourager nos efforts à nous tous qui voulons réellement la prospérité matérielle de nos montagnes pour assurer le retour des esprits à ces sentiments de paix, à ce respect pour tous les droits de tous, à cette abnégation honorable, à cette soumission intelligente aux épreuves d'une existence rude, mais supportée avec dignité, à toutes ces bonnes inspirations enfin de la tête et du cœur qui ont distingué, pendant une longue période, nos excellentes populations de la montagne.

Voilà, ce me semble, encore une bonne raison locale à faire valoir : Elle est de nature à être prise en sérieuse considération par tout gouvernement qui à l'esprit de justice distributive sait réunir l'appréciation du présent par le passé, et la connaissance du mal dont nous souffrons et de son remède souverain.

CHAPITRE III.

A Messieurs les Membres du Conseil général.

Messieurs,

Dans votre dernière session, à la suite d'un rapport rédigé par moi et qui vous a été lu par M. Romeuf de Lavalette, vous avez nommé dans votre sein une Commission permanente que vous avez chargée de veiller aux intérêts du département en ce qui touche les chemins de fer.

Cette Commission avait aussi pour mission la publication de mémoires et de brochures à l'effet d'établir nos droits aux yeux de l'opinion publique et du Gouvernement, et d'exposer aux Compagnies nées ou à naître les avantages spéciaux des lignes de la Haute-Loire.

Cette Commission m'a fait l'honneur de me confier ces publications.

J'ai préparé en conséquence, en temps utile, une brochure qui devait être imprimée aux frais du département sur le crédit que vous aviez voté à cet effet.

L'un des membres de cette commission, M. Laroule, devait me faire parvenir à Paris des pouvoirs en règle, conformément à la mission que lui en avait donné, en ma présence, ses collègues de la Commission.

J'ai en vain attendu deux mois ces pouvoirs.

J'en ai réclamé l'envoi par une lettre adressée au commencement de novembre 1852 à M. Badon, président de cette Commission.

Monsieur de Vinols m'a répondu au nom des membres de la Commission présents au Puy en mettant en quelque sorte en question le sérieux de l'honorable mission que j'avais acceptée, et non reclamée. (Voir la première lettre ci-après.)

J'ai adressé mes observations à ce sujet à M. Badon. (Voir la deuxième et la troisième lettre ci-après.)

Elles n'ont été suivies d'aucune réponse; ce silence de la Commission m'a délié de mon engagement.

Accablé de travaux, retenu dans les neiges des Pyrénées pendant tout l'hiver, je n'ai pas eu le loisir de faire paraître à mes frais la brochure que j'avais préparée, et dont la Commission, sans la connaître, avait jugé la publication dangereuse.

J'en ai résumé, en les accommodant à la circonstance, les principaux passages dans les deux chapitres qui précèdent et dans l'avant-propos.

J'ai cru devoir y joindre ces quelques lignes et les trois lettres auxquelles elles servent d'introduction pour vous mettre à même d'apprécier la situation qui m'a été faite et de comprendre, en même temps, la nature de ma surprise.

Veuillez bien, Messieurs, agréer l'assurance de ma parfaite considération.

Jh BARRANDE.

Monsieur de VINOLS à Monsieur J^h BARRANDE.

Monsieur,

Monsieur Badon a réuni la Commission permanente après avoir reçu votre lettre, et cette Commission, dont je suis secrétaire, m'a chargé de vous faire connaître le résulat de sa délibération.

Depuis le moment où vous aviez été chargé verbalement par elle d'appeler l'attention publique sur les chemins de fer qui doivent traverser la Haute-Loire, et pendant votre absence de Paris, la question a marché avec une rapidité à laquelle le Conseil général était loin de s'attendre, et dont l'initiative, aussi active qu'intelligente de Monsieur le Préfet, est évidemment la principale cause. Une Compagnie s'est formée; les fonds sont prêts; et cette Compagnie paraît être tellement sérieuse que Monsieur le Receveur général de la Haute-Loire n'a pas pu obtenir à Paris, même avec une certaine prime, des actions que les capitalistes de ce pays-ci l'avaient chargé d'acheter. Ces faits résultent des explications données par Monsieur le Préfet à la Commission permanente, et du dire de Monsieur le Receveur-général lui-même à quelques uns de ses membres.

Les choses en étant à ce point, Monsieur, et la construction de nos voies ferrées paraissant ne plus dépendre que de la

Chambre législative et du Prince Président de la République, la Commission a pensé qu'il devenait à peu près inutile de faire de nouvelles démarches pour réveiller l'attention publique. Elle a pensé qu'il était prudent, dans l'intérêt de ce département-ci, d'attendre la solution qui sera donnée par le Prince aux demandes de la Compagnie déjà formée, et qu'il serait temps de se remettre en mouvement si l'autorisation qu'elles sollicitent ne leur est point accordée.

Telles sont, Monsieur, les observations que je suis chargé de vous transmettre, et qui vous paraîtront sans doute aussi justes et aussi fondées qu'à la Commission elle-même. Dans le cas où vous auriez quelques objections à y faire, et quelques renseignements à nous donner, soyez assez bon pour m'en écrire dans le plus bref délai possible. Je m'empresserai de vous répondre. La Commission m'a chargé en même temps de vous faire agréer ses remerciments pour le zèle que vous avez mis à vous occuper des intérêts de notre département. Quelle que soit la solution, il aura certainement contribué à l'amener prompte et heureuse.

Recevez, Monsieur, l'assurance...

Signé : DE VINOLS.

A Monsieur BADON, Président de la commission permanente du Conseil général de la Haute-Loire.

Monsieur,

J'ai reçu, il y a déjà un mois, la lettre que Monsieur de Vinols m'a adressée en qualité de secrétaire de la Commission permanente du Conseil général de la Haute-Loire en réponse à celle que je vous ai écrite au commencement du mois de novembre. Cette réponse m'a causé quelque surprise. Je vous transmets aujourd'hui mes observations sur cette missive du secrétaire de la Commission permanente. Ayez la bonté de soumettre à la Commission et ces observations et la lettre de Monsieur de Vinols qui les a motivées ; vous trouverez ci-après une copie exacte de cette dernière. Mes absences et mes travaux ne m'ont pas permis de vous transmettre plus tôt mes observations.

Je vous serais fort obligé si vous vouliez bien me faire connaître, aussitôt qu'il vous sera possible, la résolution que prendra la Commission permanente après avoir pris connaissance des deux pièces ci-jointes.

Veuillez agréer, Monsieur, l'assurance de ma parfaite considération,

JH BARRANDE.

A Monsieur de VINOLS, Secrétaire de la Commission permanente du Conseil général de la Haute-Loire.

Monsieur,

Vous m'avez fait l'honneur de me transmettre, le 16 du mois courant, les résolutions prises par la Commission permanente du Conseil général de la Haute-Loire; et, conformément au désir que vous avez bien voulu m'en exprimer, je viens vous communiquer mes observations à ce sujet. Je regrette que mes occupations ne m'aient pas permis de le faire plus tôt.

La Commission s'est prononcée sur deux natures de questions bien distinctes dont l'une est relative aux intérêts de notre département et dont l'autre m'est entièrement personnelle. — Je vais suivre la même division.

Vous me dites :

« La construction prochaine de nos voies ferrées paraissant
» ne plus dépendre que de la Chambre législative et du Prince-
» Président de la République, la commission a pensé qu'il de-
» venait à peu près inutile de faire de nouvelles démarches pour
» réveiller l'attention publique. — Elle a pensé qu'il était pru-
» dent, dans l'intérêt de ce département-ci, d'attendre la solu-
» tion qui sera donnée par le Prince aux demandes de la Com-
« pagnie déjà formée et qu'il serait temps de se remettre en

« mouvement si l'autorisation qu'elles sollicitent ne leur est
« point accordée. »

Je ne saurais, à mon grand regret, partager cette manière de voir de la Commission. — Mes raisons, les voici :

1° D'après les intentions de la Compagnie dont il est question et que je connais mieux que personne, notre département n'obtiendrait point une satisfaction complète pour ses intérêts;

2° La solution incomplète présentée par cette Compagnie, avant d'avoir force de loi, aura encore deux instances à franchir, celle du chef de l'Etat et celle du Pouvoir législatif, qui jugeront la question pendante en dernier ressort après avoir entendu tous les ayant-droit.

Dans cet état des choses, le département de la Haute-Loire a-t-il intérêt à garder un profond silence? Doit-il se retirer du débat ouvert devant l'opinion publique sans réclamer le concours de ses co-intéressés et sans éclairer ses juges? Peut-il confier la défense de ses intérêts à la Compagnie dont vous croyez le succès assuré et qui, en toute occurrence, ne doit faire valoir et triompher que ses intérêts privés?

Il me paraît impossible que la Commission, mieux informée, réponde par une simple fin de non-recevoir à ces trois questions. Une détermination de cette nature est diamétralement opposée à son rôle officiel; elle est trop peu en harmonie avec le dévouement aux intérêts de notre département qui anime tous ses membres.

Loin d'accepter le parti du silence, il nous faut, ce me semble, profiter au plus vite des circonstances actuelles qui nous sont réellement favorables pour réagir et sur les compagnies nées ou à naître et sur le gouvernement et sur la Chambre législative. Il nous faut, pour obtenir une solution complète en faveur de notre département, faire inscrire dans la loi à intervenir certains éléments de tracé et un classement de voies ferrées aussi indispensables à la prospérité de la Haute-Loire qu'à la circulation générale de la France entière. Comment préparer et faciliter ce résultat, et atteindre ce but de nos vœux communs? A notre époque l'opinion publique est le seul avocat auquel on puisse confier, avec quelque chance de succès, la défense des causes de cette nature qui sont à la fois nationales et locales. Usons donc de ce puissant défenseur dont les dispositions nous sont aujourd'hui si bienveillantes; mais surtout ne lui laissons pas le temps de s'encombrer d'une infinité de causes étrangères à la nôtre. Fournissons-lui donc de suite par nos publications les éléments d'appréciation qui doivent servir de base d'opération à son intervention en notre faveur. Le moment est opportun, car nous avons tout droit d'expliquer en notre faveur la dernière note officielle qui a paru dans le *Moniteur* au sujet du nombre infini des demandes de concession de cheminsde fer.

Il y a donc, à mon point de vue, obligation pour la Commission comme pour moi de publier, sans retard, le travail que j'ai préparé sur son invitation. Je passe maintenant à la question personnelle.

Cette question se subdivise en deux chapitres, l'un relatif à mes rapports avec la Compagnie dans laquelle la Commission met son unique espoir, l'autre ayant trait à la nature des conventions qui lient la Commission permanente envers moi.

Vous me dites à ce sujet :

« Depuis le moment où vous avez été chargé *verbalement* par

» elle d'appeler l'attention publique sur les chemins de fer qui
» doivent traverser la Haute-Loire, et pendant votre absence de
» Paris, la question a marché avec une rapidité à laquelle le
» Conseil général était loin de s'attendre, et dont l'initiative,
» aussi active qu'intelligente de M. le Préfet, est évidemment
» la principale cause. Une Compagnie s'est formée; les fonds
» sont prêts, et cette Compagnie paraît être tellement sérieuse,
» que M. le Receveur général de la Haute-Loire n'a pas pu
» obtenir, à Paris, même avec une certaine prime, des actions
» que les capitalistes de ce pays-ci l'avaient chargé d'acheter. »

D'après ce passage de votre lettre, j'ai toute raison de croire que vous êtes peu au courant de la date et de la nature de l'initiative que j'ai prise dans la question des chemins de fer qui intéressent et traversent notre département. Si j'avais été assez heureux pour vous rencontrer au Puy au mois de mars dernier, j'aurais eu l'avantage de vous donner moi-même, dès cette époque, les mêmes renseignements que vous voulez bien me communiquer comme nouveaux pour vous et pour moi dans votre lettre du 16 novembre. En vous mettant au courant, il y a déjà neuf mois, de l'état actuel des choses et que vous me le signalez, j'aurais peut-être pu éviter de vous parler de moi et du rôle que j'ai joué dans la formation et dans le développement de la Compagnie en question; mais, à mon grand regret, votre lettre m'en fait un devoir. Voici donc l'histoire de cette Compagnie. Ces détails ne seront pas inutiles à la Commission pour bien apprécier la situation au point de vue des véritables intérêts de nos pauvres montagnes.

Je suis persuadé comme vous que M. le Préfet de la Haute-Loire s'est empressé de prêter son utile concours à la réalisation des vœux que le Conseil général a émis au mois d'août dernier, sur un rapport rédigé par moi et lu par le Vice-Président, M. de Romeuf, en faveur de l'exécution rapide des projets de chemins de fer qui intéressent nos montagnes; mais je croirais lui faire injure si je lui élevais un piédestal avec les mérites d'autrui, et vous ne sauriez avoir non plus, malgré la teneur de votre lettre, l'intention de commettre une pareille offense envers M. de Vougy.

En toute justice, la formation de la Compagnie dont il est question ne peut être attribuée qu'à l'initiative aussi active qu'intéressée de M. le comte de Seraincourt ; je lui ai prêté, dès l'origine, ma coopération, qui date du 4 décembre 1851. Cette coopération a-t-elle été intelligente, du moins dans l'intérêt de notre département? Je vous en laisse juge. Voici les faits :

Le surlendemain du coup d'Etat, Monsieur de Seraincourt, qui préparait à cette époque le rachat qu'il a opéré depuis, conjointement avec Messieurs de Morny et de Pourtales, des forges et des houillères d'Aubin, s'est adressé à moi pour me demander un avant-projet de chemin de fer destiné à relier le bassin houiller de l'Aveyron à Montauban. Un chemin de fer pouvait seul relever dans l'opinion industrielle la valeur de l'établissement d'Aubin tombé en déconfiture après une dépense inutile de 6,000,000 de francs.

Je me suis refusé d'intervenir dans cette affaire spéciale, et je n'ai cédé aux instances plusieurs fois renouvelées par M. de Seraincourt, que dans le courant de janvier, et après m'être entendu avec lui pour donner à l'affaire du chemin de fer un caractère tout national et d'intérêt public. M. de Seraincourt, avec la haute intelligence des affaires qu'il possède, a facilement saisi le côté utile qu'il pouvait retirer de cette extension à donner à son idée première, et nous avons arrêté ensemble que je ferais un avant-projet complet d'un chemin de fer allant de Clermont à Toulouse, par la Haute-Loire, l'Aveyron et Montauban.

La perspective d'être utile à notre département a été pour moi, dans cette circonstance, la raison déterminante pour me charger de ce travail, malgré certaine expérience du passé, malgré certains motifs de famille qui auraient dû peut-être m'interdire, même en cette occurrence, toute coopération dans cette affaire.

Je me suis mis aussitôt à l'œuvre, et l'avant-projet a été terminé, dans la forme voulue par la loi, le **27** février. **M.** le comte de Morny, après s'être fait édifier par moi sur les plans, les profils et toutes les autres pièces du dossier, a pris la peine d'aller le remettre lui-même, au ministère, entre les mains de M. Chatellus, chef de division des chemins de fer.

Le Ministre des travaux publics s'est empressé de soumettre, dès le 1er mars, mon travail à l'enquête publique dans les cinq départements traversés. J'ai bien voulu accepter encore à cette époque la mission délicate de diriger cette enquête dans l'intérêt de la Compagnie qui s'était formée pendant mon travail et à cause de mon travail, et à la tête de laquelle figurait M. le comte de Pourtalès, comme signataire de la demande de concession qui avait été déposée aussi le 28 février. . . . .

. . . .

L'opinion publique était, au mois de mars 1852, fort peu éclairée sur la question des chemins de fer en pays de montagnes; je l'ai donc trouvée, dans les cinq départements traversés par mon avant-projet, assez incrédule, partout où elle n'était pas hostile. Mais grâce aux démarches, aux explications verbales, aux mémoires et aux publications de toute nature que j'ai fait paraître dans tous les journaux du centre et du midi, grâce surtout à l'intervention bienveillante de quelques hommes éclairés et des cinq préfets avec lesquels je me suis trouvé en relation, la glace a été bientôt rompue, et l'enthousiasme a succédé à l'incrédulité ou à l'indifférence. Je ne saurais trop me louer de l'appui et du concours qu'ont bien voulu me prêter : au Puy, MM. de Villesaison, de Saint-Poncis et de Marpon, et à Brioude, MM. de Rochette, Andrieux, Fournier et Maigne. Certains de mes camarades de l'Ecole polytechnique n'ont pas été les derniers, comme le constatent des pièces intéressantes du dossier général d'enquête, à soulever des difficultés dont heureusement il n'a pas été tenu compte par MM. les inspecteurs divisionnaires Job, Malet et Onfroi de Bréville, auxquels M. le Ministre des travaux publics a confié le soin d'examiner, en dernier ressort, l'avant-projet et les pièces de l'enquête : leurs conclusions ont été aussi impartiales que favorables, après les explications complémentaires que j'ai données à M. Job, choisi comme rapporteur.

Depuis cette époque-là le sentiment de ma dignité personnelle m'a fait un devoir de rompre toutes relations avec la compagnie Seraincourt ; j'ai sacrifié mes intérêts à ce sentiment. Mais, comme vous le voyez, Monsieur, cette rupture n'a eu lieu qu'après que j'ai été assez heureux pour donner, par mon travail et par mon intervention personnelle, un corps et une âme à cette Compagnie dans laquelle la Commission permanente croit devoir concentrer toutes ses espérances. Cette rupture définitive date du 15 novembre 1852. J'ai écrit ce jour-là à M. le comte de Pourtalès pour lui déclarer que désormais je n'interviendrai plus dans aucune affaire dans laquelle se trouverait mêlé M. de Seraincourt.

Il est fort possible que cette Compagnie obtienne la concession qu'elle poursuit depuis bientôt dix mois; mais, aux yeux du public comme à ceux du Gouvernement, cette Compagnie représente deux intérêts bien distincts réunis dans les mêmes mains : 1° L'intérêt des nouveaux propriétaires d'Aubin qui surbordonnent tout, comme de droit, à la prospérité de leurs forges et de leurs houillères ; 2° l'intérêt des demandeurs de concession du chemin de fer dont j'ai fait l'avant-projet, lesquels demandeurs ne sont autre chose que ces mêmes propriétaires d'Aubin. Cette dualité de but et d'intérêts ne serait pas, en temps ordinaire, de nature à aider beaucoup au triomphe qu'on vous peint comme assuré. Cette dualité a déjà donné lieu à deux événements fâcheux, à un duel entre M. de Seraincourt et M. Cabrol, directeur de Decazeville, l'ancien représentant de l'Aveyron, dans lequel ce dernier a cassé une jambe à son adversaire, et ensuite à un procès en police correctionnelle entre MM. de Morny, de Pourtalès et Seraincourt, d'une part, et le même M. Cabrol de l'autre. Ce procès en diffamation est encore pendant (1). Ces deux événements ont produit quelque sensation dans le public de la spéculation et des affaires, et leur retentis-

---

(1) Depuis cette époque, M. Cabrol, accusé de diffamation pour avoir publié dans certains journaux de Paris une critique sévère de l'affaire d'Aubin, a gagné deux fois son procès et devant la police correctionnelle et devant la Cour de cassation,

sement a nui à la vente et au placement des actions d'Aubin sur le marché de Paris.

Dans cet état des choses, il est plus que probable qu'il se formera, avant que la concession ne soit accordée à la Compagnie de MM. de Morny, de Pourtalès et Seraincourt, d'autres Compagnies tout aussi puissantes et qui auront sur cette dernière l'avantage de n'obéir à aucune dualité d'intérêts distincts, et de ne représenter que l'intérêt public (1). Voulez-vous, en subordonnant l'action personnelle du département de la Haute-Loire au succès de la Compagnie en question, courir la chance de voir cette Compagnie accepter l'élément de chemin de fer indispensable à la prospérité d'Aubin et sacrifier nos montagnes à cet intérêt privé? Cette éventualité est une des solutions possibles. Ne préférez-vous pas, après les détails que je viens de vous donner, conclure encore avec moi : Il y a obligation pour la commission permanente de faire publier, sans retard, le travail que j'ai préparé

(1) Au moment où je traçais ces lignes, trois compagnies se trouvaient déjà en présence pour demander la concession soit d'une partie soit de la totalité du Grand-Central, y compris la ligne de Lempdes à Alais ; — 1º la Compagnie du comte de Morny, qui ne demandait à cette époque que l'artère principale du Grand-Central , la ligne de Clermont par Lempdes et Aurillac à Montauban ; — 2º une Compagnie dans laquelle figuraient MM. le comte Des Cars, le marquis de Turenne, le vicomte de Coislin, le comte de Grandeffe, administrateur de la Méditerranée ; de Lamberterie, avocat à la Cour impériale de Paris ; A. Lecomte, député de l'Yonne et l'un des concessionnaires de la ligne du Midi ; cette seconde Compagnie, formée par mon initiative, s'était assuré le concours d'un puissant comité financier en Angleterre ; elle avait adopté mon projet du Grand-Central en entier, tel qu'il est figuré sur la carte ci-jointe, nº 2, et en avait demandé la concession. — M. Calvet Rognat, l'un des concessionnaires du Grand-Central, dont le nom figure au *Moniteur*, s'était édifié au milieu de nous sur l'importance de l'affaire, et s'était chargé d'intervenir auprès de M. de Morny pour plaider la fusion des forces et des intérêts ; de son côté, M. le vicomte de Coislin avait fait des démarches de la même nature qui lui avaient laissé pendant quelques semaines l'espérance d'un succès ; — 3º une Com-

— 61 —

sur son invitation, et qui ne traite que la question de l'intérêt général confondu avec celui de nos pauvres contrées.

J'en viens maintenant aux engagements pris par la Commission envers moi. Pour être aussi bref que possible, je me contenterai de citer les faits suivants :

J'étais au Puy au mois d'août, pendant la session du Conseil général, de retour d'une excursion scientifique et industrielle dans la Haute-Loire, dans l'Ardèche et dans la Lozère où j'avais cherché les passages qui pouvaient faciliter la construction des voies ferrées indispensables à la prospérité de notre département. Votre collègue et mon ami, M. le baron de Saint-Germain, entretient les membres du Conseil général de mes travaux et de mes idées sur notre pays; plusieurs de vos collègues, et à leur tête M. Romeuf de Lavalette, me font l'honneur de me demander quelques explications à ce sujet. Je m'empresse de leur soumettre mes vues et mes espérances ; j'appelle toute leur

---

pagnie formée par M. de Espeleta, dans laquelle figuraient des Français et des Anglais dont les noms sont fort connus dans l'industrie des chemins de fer. — M. le baron de Rothschild devait être le banquier de cette dernière compagnie, qui avait limité sa demande à la ligne de Bordeaux à Lyon par Aurillac et Le Puy. J'étais en relation avec elle par l'intermédiaire de M. de Bousquet, l'un de ses membres.

Ces trois compagnies fusionnées ensemble auraient réuni une puissance financière capable de soutenir le crédit public tout en exécutant le réseau central dans son entier et dans un bref délai, sans imposer très-probablement à l'Etat des sacrifices de la nature et de l'importance de ceux que la concession faite à M. le comte de Morny met à la charge du Trésor et des contribuables.

Pourquoi ce système de fusion qui avait été appliqué avec succès pour les lignes de Paris à Lyon et de Bordeaux à Cette, n'a-t-il pas été utilisé en cette circonstance pour le Grand-Central ? — De graves raisons sans doute n'ont pas permis au gouvernement de persévérer dans cette voie pour la concession du Grand-Central. Mais au point de vue de la rapidité de l'exécution de ce réseau, les localités intéressées peuvent, ce me semble, regretter que ce système n'ait pas prévalu.

attention sur le rôle que pourrait jouer, dans le développement ultérieur des grandes voies ferrées de France, notre pays, si délaissé jusqu'à ce jour; je les engage à faire émettre un vœu à ce sujet par le Conseil général, et à lui faire voter des mesures d'urgence motivées par l'état des choses; mes paroles sont goûtées, et je quitte le Puy avec la satisfaction d'avoir fait partager ma manière de voir à ceux de vos collègues qui m'avaient témoigné, à cette première entrevue, autant de bienveillance que de confiance; à peine rentré à Saugues, je reçois de M. de Romeuf, au nom du conseil général, une lettre pressante qui m'engage à revenir immédiatement au Puy; je pars de suite, et, au moment même où j'arrive, M. de Romeuf me demande, séance tenante, un rapport résumant la question des chemins de fer au point de vue du département de la Haute-Loire; je m'empresse de répondre à sa demande, et j'écris sous ses yeux, en un quart-d'heure, le rapport qui vous est lu quelques instants après sur ma minute, que vous approuvez en Conseil, et qui se termine par les conclusions suivantes :

1° Un vœu en faveur de l'exécution immédiate des chemins intéressant la Haute-Loire;

2° La nomination d'une Commission permanente pour veiller aux intérêts du département;

3° Le vote d'une somme de 1,000 fr. pour les publications à faire en faveur du département;

4° Une demande à adresser au Ministre des travaux publics pour obtenir les études immédiates, aux frais de l'Etat, des diverses directions qui peuvent servir de passage, sur le territoire de la Haute-Loire, pour relier la vallée de l'Allier à celle de la Loire.

C'était le dernier jour de la session.

Le lendemain matin, c'était un dimanche, la Commission permanente se réunit à la préfecture ; elle m'appelle dans son sein ; elle nomme pour président M. Badon, et pour secrétaire M. Delair ; elle me charge d'être son correspondant à Paris pour tout ce qui pourra intéresser la construction des chemins de fer utiles au département ; elle me confie les publications à faire. M. de Vougy, appelé aussi dans la Commission, me prie de rédiger moi-même la lettre à adresser à M. le Ministre des travaux publics au sujet de la demande d'études à faire faire par les ingénieurs du département ; de son côté, la Commission insiste pour que je rédige moi-même, séance tenante, les pouvoirs qu'elle me confère. Je décline ce dernier honneur ; et la Commission charge M. Laroulle de les rédiger et de me les adresser à Paris. M. Laroulle me suit jusqu'à l'hôtel pour obtenir de moi, par écrit, la formule à adopter pour la rédaction de mes pouvoirs ; je cède à ses instances réitérées, et je lui donne cette formule.

Voilà des faits, Monsieur, que vous ignoriez sans doute lorsque vous m'avez écrit que j'avais été *chargé verbalement* par la commission permanente d'appeler l'attention publique sur les chemins de fer qui doivent traverser la Haute-Loire. Vous conviendrez que l'expression de *verbalement* ne rend pas exactement les choses telles qu'elles se sont passées, et d'ailleurs la mission que j'ai bien voulu accepter, sans l'avoir recherchée, n'aurait-elle été que verbale, dans la véritable et la plus simple acception du mot, serait-ce un motif pour dégager la Commission des engagements pris envers moi ?

Telle n'est pas, sans doute, l'opinion d'aucun de vos collègues, ni la vôtre, j'en suis persuadé; cependant si ces engagements en vertu desquels j'ai préparé un travail spécial et je me suis déjà entendu avec un imprimeur pour le publier, paraissent à la Commission ne pas entraîner la publication immédiate de ce travail, je suis tout disposé à la délier et à reprendre ma liberté.

L'ajournement pour lequel vous penchez ne saurait me convenir; mes raisons, je vous les ai exposées au commencement de cette lettre. Il y a urgence à intervenir dans le débat ouvert devant l'opinion publique. — Tout retard serait une faute. — Le classement des nouvelles voies ferrées ne se fera pas attendre longtemps. — Ne manquons pas d'à-propos. — Ne nous exposons pas à entendre le fameux et triste : il est trop tard.

Ma brochure est prête; elle va paraître.

Quelle qu'en soit l'influence, j'aurai du moins fait mon devoir en temps opportun. Les frais je les suporterai, si la Commission et le conseil général le jugent à propos.

En toute occurrence je resterai flatté de la bienveillance que vos collègues, et à leur tête M. de Romeuf, ont bien voulu me témoigner; en reprenant mon sentier isolé, je regretterai, je l'avoue, cette coopération, cet ensemble de vues et d'action, cette union d'efforts et d'influence qui peuvent seuls assurer la réalisation des justes espérances de notre pauvre département; mais dans mon isolement, j'applaudirai toujours, soyez-en convaincu, aux services rendus à mon pays même par les ouvriers de la onzième heure.

Veuillez bien, Monsieur, agréer l'assurance de ma parfaite considération.

JH BARRANDE.

www.ingramcontent.com/pod-product-compliance
Lightning Source LLC
LaVergne TN
LVHW051458090426
835512LV00010B/2219